パターンプラクティスで覚える
発信型70構文

I_{アイ}の英会話

浦島 久
アーロン・クラーク

IBC PUBLISHING

音声無料ダウンロード

本書の練習用の音源を下記URLとQRコードから無料でダウンロードすることができます。

https://www.ibcpub.co.jp/audio_dl/0663/

- ・ダウンロードしたファイルはZIP形式で圧縮されていますので、解凍ソフトが必要です。
- ・音声ファイルはMP3形式です。再生にはWindows Media PlayerやiTunesなどの音楽プレイヤーソフトをご利用ください。
- ・PCや端末・アプリの操作、音声ファイルの再生や転送方法などについては、編集部ではお答えすることができません。不明な場合は、インターネット検索などでお調べいただくか、製造・開発元にお問い合わせいただきますようお願いいたします。

カバーデザイン　斉藤　啓（ブッダプロダクションズ）

ナレーション　ジョシュ・ケラー　アン・スレーター　夏目ふみよ

録音スタジオ　株式会社巧芸創作

まえがき

北海道帯広市で英語学校を経営して45年。これまで様々な社会人向けの授業を担当してきましたが、教えるのに意外と苦労する受講生のタイプがあります。それは単語も文法もよく知っていて読解力もあるのですが、いざ話すとなると簡単な英文も口からでてこない人たちです。

きっと大学に入るために受験勉強をかなりしたのでしょう。あるいは、仕事上たくさん英文を読んでいるのかもしれません。

そう言う私もそんなタイプの人間だったように思います。高校時代は文法が得意で、試験ではいつも満点近くとっていました。しかし、大学で初めて受けた英会話クラスがショックでした。担当の外国人講師が言っていることがさっぱりわからず、一言も話せなかったのです。

そんなわけで心機一転、英語クラブの門を叩くことに。クラブでは英語の4技能（聞く、話す、読む、書く）を中心にプログラムが作られていました。まったく話せなかった私に一番役に立ったのが、パターン・プラクティスでした。

パターン・プラクティスは、簡単に言うと、声に出してする文型練習のことです。これにはいろいろなやり方があります。中学校でやっている What's this? It's a 〜. もパターン・プラクティスです。1つの平叙文を疑問文にしたり、否定文にしたりする活動もそうです。

パターン・プラクティスのメリットは、文法の基礎を身に付けることができること。そして、スピーキングの練習になることです。当然、デメリットもあります。それは練習が単調になり、飽きてしまうということです。これは学習者だけでなく教える側の先生にも当てはまります。

3

私が英語学校を始めた頃はパターン・プラクティス中心のテキストがたくさんありました。なかでも *Side by Side*（ピアソン）は長年使わせてもらいました。しかし、前に書いた理由でパターン・プラクティスは次第に表舞台から去っていった感があります。

　でも、最近再びじわじわと人気が出てきたようです。いろいろな流行の勉強法を試してみて、英語を話す練習としてパターン・プラクティスも悪くないと考える人が増えた結果かもしれません。

　本書では、単調にならないように配慮し、2つのパターン・プラクティスを用意しました。英語でやるやり方と日本語を使ってやるやり方です。前者は典型的なパターン・プラクティスですが、後者は口頭英作文的な要素を含んでいます。

　構文は会話でよく使われる70を厳選。例文はすべてIから始まるものを作りました。理由は会話では自分について話すことが多いからです。非英語圏で高い英語力が評価されているオランダの小学校でも、「自分のことを話す」を意識させる授業が展開されています。しかも一息で言えるようにできるだけ短い表現にしてあります。

　音源を利用して自宅、通勤の車や電車の中、その他の場所でぜひ練習してください。自然と口から英語がスムーズに出てくる日がくるはずです。

　最後になりましたが、この出版を快く引き受けてくれたIBCパブリッシングの浦社長、編集の過程で協力してくれた本田理美さんにお礼を申し上げます。

浦島　久

本書の使い方

（1）英語から英語で練習

音源はこんな形で入っています。

I appreciate（ポーズ）
your advice.（ポーズ1）
I appreciate your advice.（ポーズ2）

ポーズ1とポーズ2の中にあなたの声を入れてください。
こんな形になります。

I appreciate（ポーズ）
your advice.（I appreciate your advice.）
I appreciate your advice.（I appreciate your advice.）

ポーズ1でできたかどうかをポーズ2で確かめる形です。

次からは最初のI appreciateは読まれずに、your cooking、
your kindnessのように続きます。読まれる英文をよく聞い
て（　　）の中に文章を入れてください。最初はなかなかタ
イムリーに（　　）の中に入れるのは難しいかもしれません。
でも何度もやるうちに余裕を持ってできるようになるはず
です。

どうしても難しい場合は、テキストを見て英文をチェック
してください。和訳を見て意味を理解しましょう。

（2）日本語から英語で練習

　音源はこんな形で入っています。

「私は感謝します」（ポーズ）
「あなたの助言に」（ポーズ 1）
I appreciate your advice. （ポーズ 2）

　ポーズ 1 とポーズ 2 の中にあなたの声を入れてください。
こんな形になります。

「私は感謝します」（ポーズ）
「あなたの助言に」（I appreciate your advice.）
I appreciate your advice. （I appreciate your advice.）

　(1) の形式では、聞いた英文を言うだけなのですが、こち
らは日本語からすぐに英文に変えなければなりません。その
分ハードルが高くなります。(1) と同じくポーズ 1 でできた
かどうかをポーズ 2 で確かめる形です。

　次からは最初の「私は感謝します」は読まれずに、「あなた
の料理に」「あなたの親切に」のように続きます。読まれる日
本語をよく聞いて（　　）の中に英文を入れてください。最
初はなかなかタイムリーに（　　）の中に入れるのは難しい
かもしれません。でも何度もやるうちに余裕を持ってできる
ようになるはずです。

　どうしても難しい場合は、テキストの日本語を見て英作す
ることをお勧めします。口頭でやれる場合はそれでいいので
すが、それも難しい場合は書いてみるのもいいです。

（3）音源を流し続ける

　練習して（1）および（2）ができるようになったら、時間があるときには音源を流し続けることをお勧めします。部屋や車の中で一人なら声を出してもいいでしょう。電車の中でやる場合は、口を小さく動かす程度か、あるいは心の中で言う方がいいかもしれません。

　何度も繰り返していると、次に言わないとならない英文が自然と口から出るようになります。そして、それをさらに繰り返すとこの活動が飽きてしまうはずです。それはこの本の卒業を意味します。あとは実践で使うだけです。

目次

CONTENTS

UNIT 1

1 I appreciate
2 I think it's time to
3 I like to
4 I decided to
5 I think
6 I feel lucky to
7 I plan to
8 I don't believe
9 I never said that
10 I understand
11 I make it a rule to
12 I really enjoyed
13 I regret
14 I feel
15 I dream of
16 I learned a lot from
17 I want to know more about
18 I have a good impression of
19 I think it important to
20 I didn't know that

1　I appreciate

1. the advice.

2. your cooking.

3. your kindness.

4. your help today.

5. the birthday present.

6. your sense of humor.

7. everyone's comments.

8. your visit to the hospital.

1 私は感謝します

1. その助言に

2. あなたの料理に

3. あなたの親切に

4. 今日のあなたの助けに

5. その誕生日プレゼントに

6. あなたのユーモアのセンスに

7. みんなのコメントに

8. あなたの病院への訪問に

2 I think it's time to

1. go home.

2. call a taxi.

3. reconsider.

4. get a haircut.

5. walk the dog.

6. call it a night.

7. have a coffee.

8. think about our options.

2 私は時間だと思います

1. 家に帰る

2. タクシーを呼ぶ

3. 考え直す

4. 髪を切ってもらう

5. 犬を散歩させる

6. 今夜はこれで終わりにする

7. コーヒーを飲む

8. 選択肢について考える

3 I like to

1. eat ice cream.

2. play the piano.

3. buy new clothes.

4. take a bath after work.

5. drink coffee after breakfast.

6. relax at home on my day off.

7. watch a movie on the weekend.

8. use my smartphone to listen to music.

3 私は好きです

1. アイスクリームを食べることが

2. ピアノを弾くことが

3. 新しい洋服を買うことが

4. 仕事後にお風呂に入ることが

5. 朝食後にコーヒーを飲むことが

6. 休みの日に家でリラックスすることが

7. 週末に映画を見ることが

8. 音楽を聞くためにスマホを使うことが

4 I decided to

1. try again.

2. go for a walk.

3. think about it.

4. get a new bicycle.

5. take another look.

6. wait until the spring.

7. buy a new smartphone.

8. go to bed early last night.

4　私は決めました

1. もう一度トライすることを

2. 散歩することを

3. それについて考えることを

4. 新しい自転車を手に入れることを

5. もう一度見てみることを

6. 春まで待つことを

7. 新しいスマホを買うことを

8. 昨夜早く寝ることを

5   **I think**

1. it's going to rain.

2. there are no cookies left.

3. green looks good on you.

4. we can be there by eight.

5. you should buy a new car soon.

6. J-pop is more popular than jazz.

7. we need to eat healthy food every day.

8. there is a Brazilian restaurant in my town.

5　私は思います

1. 雨が降るだろうと

2. クッキーの残りがないと

3. 緑があなたに似合っていると

4. 8時までにはそこにいることができると

5. あなたは新しい車をすぐに買うべきだと

6. J-pop はジャズより人気があると

7. 私たちは毎日健康的な食べ物を食べる必要が
あると

8. 私の町にはブラジル料理のレストランがあ
ると

6 I feel lucky to

1. be alive.

2. live in a safe city.

3. be on the first train.

4. have a well paying job.

5. go to a good university.

6. attend their final concert.

7. be transferred to our Hawaii office.

8. have met Tom Cruise on my vacation.

6 私は幸運に感じます

1. 生きていることを

2. 安全な街に暮らしていることを

3. 始発列車に乗れることを

4. お給料の良い仕事を持っていることを

5. いい大学に行けることを

6. 彼らの最後のコンサートに参加することを

7. ハワイのオフィスに転勤になることを

8. 休暇中にトム・クルーズに会ったことを

7 **I plan to**

1. leave before 6:00.

2. retire before I'm 65.

3. buy a new car soon.

4. take a vacation next summer.

5. stay in shape as long as I can.

6. have a Zoom lesson later today.

7. play golf with my boss on Saturday.

8. finish the presentation this afternoon.

7 私は計画しています

1. 6時前に出発することを

2. 65歳前に退職することを

3. まもなく新しい車を買うことを

4. 来年の夏に休暇を取ることを

5. できる限り健康を維持することを

6. 今日、後でZoomのレッスンを取ることを

7. 土曜日に上司とゴルフをすることを

8. 今日の午後プレゼンを終わらせることを

8 I don't believe

1. he won the lottery.

2. we have met before.

3. you forgot the tickets.

4. we can get there in time.

5. you climbed Mt. Everest.

6. the weekend will be sunny.

7. their profit estimate is good.

8. this business report is accurate.

8 私は信じません

1. 彼が宝くじに当たったことを

2. 私たちは以前に会ったことがあることを

3. あなたがチケットを忘れたことを

4. 私たちがそこに時間通りに着けることを

5. あなたがエベレストに登ったことを

6. 週末が晴れることを

7. 彼らの予想利益がいいことを

8. この事業報告書が正確だということを

9 I never said that

1. I listen to J-pop.

2. I want to dance.

3. I want a diamond.

4. my kids are too quiet.

5. the weather is too nice.

6. I have too much money.

7. I need to eat out more often.

8. we should go to see a movie.

9   私は決して言いませんでした

1. J-pop を聞くとは

2. 踊りたいとは

3. ダイヤモンドが欲しいとは

4. 私の子供たちがおとなしすぎるとは

5. お天気が良すぎるとは

6. お金がありすぎるとは

7. もっと頻繁に外食する必要があるとは

8. 私たちが映画を見に行くべきだとは

10 I understand

1. the test requires a pen.

2. you studied to be a chef.

3. the concert will start at 6.

4. the restaurant is cash only.

5. you are a great salesperson.

6. the typhoon is coming soon.

7. you are a native speaker of English.

8. you went to Hawaii on your vacation.

10 私はわかります

1. そのテストはペンが必要だということを

2. シェフになるため勉強したということを

3. コンサートが6時に始まることを

4. そのレストランは現金のみだということを

5. あなたは素晴らしい販売員だということを

6. 台風がまもなくやってくるということを

7. あなたは英語のネイティブスピーカーだとい
   うことを

8. あなたは休暇にハワイに行ったことを

11 I make it a rule to

1. eat healthy.

2. wake up early.

3. wear my seatbelt.

4. never drive after drinking.

5. not lend money to friends.

6. read the instruction manual.

7. sleep eight hours every night.

8. never eat ice cream after 9 p.m.

11 私はルールにしています

1. 健康的な食事をすることを

2. 早く起きることを

3. シートベルトを着用することを

4. お酒を飲んだ後には決して運転しないことを

5. 友達にお金を貸さないことを

6. 説明書を読むことを

7. 毎晩8時間眠ることを

8. 夜9時以降にアイスクリームを決して食べないことを

12 I really enjoyed

1. talking with you.

2. hearing your news.

3. shopping in Tokyo.

4. seeing you yesterday.

5. reading my new e-book.

6. playing at the amusement park.

7. relaxing at home on the weekend.

8. watching the new Doraemon movie.

12 私はとても楽しみました

1. あなたと話すことを

2. あなたの知らせを聞くことを

3. 東京で買い物することを

4. 昨日あなたに会えたことを

5. 新しい電子書籍を読むことを

6. 遊園地で遊ぶことを

7. 週末に家でゆっくりすることを

8. 新しいドラえもんの映画を見ることを

13 I regret

1. changing my hair color.

2. watching TV all weekend.

3. not joining you for dinner.

4. buying my son noisy toys.

5. making the wrong decision.

6. eating so much at the buffet.

7. not going on a vacation last year.

8. drinking too much at the office party.

13 私は後悔しています

1. 私の髪の色を変えたことを

2. 週末ずっとテレビを見ていたことを

3. 夕食にあなたとご一緒しなかったことを

4. 私の息子にうるさいおもちゃを買ったことを

5. 間違った決断をしたことを

6. ビュッフェで食べ過ぎたことを

7. 昨年休暇に出かけなかったことを

8. 会社のパーティーで飲みすぎたことを

14 I feel

1. I've made a mistake.

2. the new cafe is relaxing.

3. most sushi is overpriced.

4. your worries are unnecessary.

5. that politician is doing a good job.

6. things are changing for the worse.

7. there are too many crimes these days.

8. Hokkaido is a better vacation spot than Hawaii.

14 私は感じます

1. 私が間違いを犯してしまったと

2. その新しいカフェはくつろげると

3. ほとんどの寿司が高すぎると

4. あなたの心配が無用だと

5. その政治家がよくやっていると

6. 物事がだんだん悪い方へ変わっていっているると

7. 最近あまりに犯罪が多すぎると

8. 北海道はハワイより良い休暇場所だと

15 I dream of

1. playing golf in Hawaii.

2. reading novels in English.

3. traveling around the world.

4. going to Paris in springtime.

5. climbing the Seven Summits.

6. being a professional musician.

7. running in the Boston Marathon.

8. seeing the cherry blossoms in Kyoto.

15 私は夢見ています

1. カナダでゴルフをすることを

2. 英語で小説を読むことを

3. 世界中を旅することを

4. 春にパリに行くことを

5. 七大陸最高峰を登ることを

6. プロの音楽家になることを

7. ボストンマラソンを走ることを

8. 京都で桜の花を見ることを

16 I learned a lot from

1. my teacher.

2. my father's advice.

3. my bad experiences.

4. listening to his stories.

5. reading self-help books.

6. taking an online course.

7. watching YouTube videos.

8. traveling to foreign countries.

16 私は多くを学びました

1. 私の先生から

2. 私の父のアドバイスから

3. 私のひどい経験から

4. 彼の話を聞くことから

5. 自己啓発本を読むことから

6. オンライン・コースを取ることから

7. YouTubeの動画を見ることから

8. 外国に旅行することから

17 I want to know more about

1. you.

2. fishing.

3. politics.

4. gardening.

5. your hobbies.

6. winter sports.

7. living overseas.

8. Japanese history.

17 私はもっと知りたいです

1. あなたについて

2. 釣りについて

3. 政治について

4. ガーデニングについて

5. あなたの趣味について

6. 冬のスポーツについて

7. 海外に住むことについて

8. 日本の歴史について

18 I have a good impression of

1. Italy.

2. this hotel.

3. most people.

4. her husband.

5. Korean movies.

6. your classmates.

7. the neighborhood.

8. the Louvre Museum.

18 私はよい印象を持っています

1. イタリアについて

2. このホテルについて

3. 大抵の人たちについて

4. 彼女のご主人について

5. 韓国の映画について

6. あなたの同級生たちについて

7. ご近所について

8. ルーブル美術館について

19 I think it important to

1. tell the truth.

2. learn English.

3. protect the environment.

4. support local businesses.

5. take care of my customers.

6. get advice from my parents.

7. enjoy the little things in life.

8. remember my friends' birthdays.

19 私は重要だと思います

1. 真実を伝えること

2. 英語を学ぶこと

3. 環境を保護すること

4. 地元企業を支援すること

5. 顧客の世話をすること

6. 両親からの助言を得ること

7. 人生においてささやかなことを楽しむこと

8. 友人の誕生日を覚えていること

20 I didn't know that

1. I was speeding.

2. I can't park here.

3. Sea Chicken is tuna.

4. the store opens at 10:30.

5. corn is from South America.

6. we can see the aurora in summertime.

7. we can borrow DVDs from the library.

8. many countries are officially bilingual.

20 私は知りませんでした

1. 私がスピード違反をしていたことを

2. ここに駐車できないことを

3. シーチキンがマグロだということを

4. その店が10時30分に開店することを

5. トウモロコシは南アメリカに由来することを

6. 夏の時期にオーロラを見ることができることを

7. 図書館からDVDを借りることができることを

8. 多くの国が公式的にバイリンガルだということを

師匠、杉田敏

　私には師匠と呼ぶ人が2人います。その一人が杉田敏さんです。杉田さんはなんと33年間もNHKラジオでビジネス英語番組の講師を務めました。今年、2021年3月で番組が終了したのですが、ラジオ講座の最長寿番組だそうです。一番弟子として、「おつかれさまでした！」と心から言わせてもらいました。

　出会いは1983年、いまから38年前のことです。共通の知り合いから、「大学の後輩に杉田敏という男がいる。紹介しょうか？」。私は杉田さんの名前を知っていました。著書『アメリカン・ユーモアの構造』(朝日新聞社) を読んでいたからです。初めて会ったときの緊張感は今でも忘れません。

　杉田さんは外資系の会社で働くビジネスマンでした。長年アメリカに住んでいたこともあり、ネイティブ並みの（以上の？）英語力を持っていたのです。そんなことで英語学習の分野でも有名に。英会話書やラジオ番組のテキスト制作を手伝わせてもらいました。そして、共著で英会話書も3冊出させてもらいました。

　杉田さんの凄いのは止まることない探究心です。いまでも *The New York Times, The Wall Street Journal, USA Today, The Guardian* は必ず毎日読むそうです。4月に番組終了を記念して、私の英語学校が主催のオンライン講演会を企画させてもらいました。受講生は全国から200名。改めて師匠の偉大さを実感しました。

UNIT 2

1 I'm ready to
2 I'm good at
3 I'm into
4 I'm thinking of
5 I'm glad
6 I'm going to
7 I'm excited to
8 I'm surprised to hear
9 I'm looking forward to
10 I'm OK with
11 I'm unable to
12 I'm about to
13 I'm interested in
14 I'm against
15 I'm very pleased with
16 I'm not surprised
17 I'm certain
18 I'm not in a position to
19 I'm impressed with
20 I'm afraid

1   I'm ready to

1. go.

2. retire.

3. go to bed.

4. order now.

5. get married.

6. settle down.

7. own my own home.

8. start a new company.

1 私は準備ができています

1. 行く

2. 引退する

3. 寝る

4. もう注文する

5. 結婚する

6. 落ち着く

7. 自分の家を持つ

8. 新しい会社を始める

2 I'm good at

1. skiing.

2. making pasta.

3. saving money.

4. giving advice.

5. studying for tests.

6. playing the piano.

7. playing with my kids.

8. making quick decisions.

2 私は得意です

1. スキーをすることが

2. パスタを作ることが

3. お金を節約することが

4. アドバイスをすることが

5. テスト勉強をすることが

6. ピアノを弾くことが

7. 自分の子供たちと遊ぶことが

8. 素早い決断をすることが

3 I'm into

1. Thai food.

2. the Beatles.

3. modern art.

4. physical fitness.

5. wildlife photography.

6. DIY around the house.

7. action movies recently.

8. mountain climbing in summer.

3 私は夢中です

1. タイ料理に

2. ビートルズに

3. 現代アートに

4. フィットネスに

5. 野生動物の写真に

6. 家のまわりのDIYに

7. 最近アクション映画に

8. 夏に山登りをすることに

4 I'm thinking of

1. calling her.

2. getting a pet.

3. losing weight.

4. changing careers.

5. buying a new car.

6. moving to Osaka.

7. changing my hairstyle.

8. having a party next weekend.

4 私は考えています

1. 彼女に電話することを

2. ペットを手に入れることを

3. 体重を減らすことを

4. 転職することを

5. 新車を買うことを

6. 大阪に引っ越すことを

7. 髪型を変えることを

8. 来週末パーティーをすることを

5 I'm glad

1. I could help.

2. the rain stopped.

3. we ran into each other.

4. you are safe and healthy.

5. I saw you before you moved.

6. my house survived the storm.

7. she could see her mother again.

8. I can buy good wine at the supermarket.

5 私は嬉しいです

1. 私は手伝うことができたことに

2. 雨が止んだことに

3. 私たちはお互いに偶然出会えたことに

4. あなたが無事で健康でいることに

5. あなたが引っ越す前に会えたことに

6. 私の家が嵐を乗り越えたことに

7. 彼女が母親に再び会えたことに

8. スーパーマーケットでいいワインを買える
   ことに

6　I'm going to

1. meet a friend for lunch.

2. make pasta this evening.

3. go to Sapporo on Tuesday.

4. download a new game soon.

5. take a long vacation in October.

6. buy some new clothes tomorrow.

7. relax and watch the baseball game.

8. play golf with my coworkers this weekend.

6 私はするつもりです

1. ランチに友だちと会う

2. 今晩パスタを作る

3. 火曜日に札幌に行く

4. すぐに新しいゲームをダウンロードする

5. 10月に長い休暇を取る

6. 明日新しい洋服をいくつか買う

7. くつろいで野球の試合を見る

8. 今週末同僚とゴルフをする

7 I'm excited to

1. be here.

2. get married.

3. go to Disney Sea.

4. visit the new cafe.

5. listen to their new CD.

6. see the new Indian movie.

7. start my new English class.

8. watch my son's soccer game.

7　私は興奮しています

1. ここにいることに

2. 結婚することに

3. ディズニーシーに行くことに

4. 新しいカフェを訪れることに

5. 彼らの新しいCDを聞くことに

6. 新しいインド映画を見ることに

7. 新しい英語のクラスを始めることに

8. 息子のサッカーの試合を見ることに

8 I'm surprised to hear

1. Japan beat Brazil.

2. you bought a dog.

3. the band broke up.

4. you ate all the donuts.

5. the concert was cancelled.

6. Jim is moving to Australia.

7. the store is closed at seven.

8. taxes will increase next year.

8　私は聞いて驚いています

1. 日本がブラジルに勝ったことを

2. あなたが犬を買ったことを

3. そのバンドが解散したことを

4. あなたがドーナツを全部食べたと

5. コンサートがキャンセルになったと

6. ジムがオーストラリアに引っ越すと

7. その店が7時に閉まると

8. 来年税金が上がるだろうと

9 **I'm looking forward to**

1. seeing you again.

2. skiing this winter.

3. buying a new book.

4. driving my new car.

5. watching the World Cup.

6. dropping in to the new cafe.

7. having some time to myself.

8. going home for the holidays.

9 私は楽しみにしています

1. あなたにまた会えることを

2. この冬スキーをすることを

3. 新しい本を買うことを

4. 私の新車を運転することを

5. ワールドカップを見ることを

6. 新しいカフェに立ち寄ることを

7. 自分への時間を持つことを

8. 休日に実家に帰ることを

10 I'm OK with

1. his evaluation.

2. pizza for lunch.

3. this new project.

4. the new team logo.

5. this business hotel.

6. dinner late at night.

7. his management style.

8. the conclusions of the report.

10 私は大丈夫です

1. 彼の評価は

2. 昼食にピザは

3. この新しいプロジェクトは

4. その新しいチームロゴは

5. このビジネスホテルは

6. 夜遅くの夕食は

7. 彼の経営スタイルは

8. そのレポートの結論は

11 I'm unable to

1. log in.

2. join you tonight.

3. attend the meeting.

4. reach you by phone.

5. find what you wanted.

6. give her your message.

7. see him on the weekend.

8. finish the report on time.

11 私はできません

1. ログインすることが

2. 今晩あなたとご一緒することが

3. 会議に出席することが

4. 電話であなたと連絡を取ることが

5. あなたが欲しかったものを見つけることが

6. 彼女にあなたの伝言を伝えることが

7. 週末、彼に会うことが

8. 時間通りにレポートを終えることが

12 I'm about to

1. ask her.

2. call him.

3. complain.

4. go to sleep.

5. say something.

6. burst into tears.

7. compliment the chef.

8. text you the information.

12 私はしようとしています

1. 彼女に尋ねようと

2. 彼に電話しようと

3. 不平を言おうと

4. 寝ようと

5. 何か言おうと

6. 突然泣き出しそうと

7. シェフに褒め言葉を言おうと

8. あなたに情報をメールしようと

13 I'm interested in

1. playing golf.

2. listening to new music.

3. seeing your new house.

4. going to see that movie.

5. meeting your new friend.

6. studying a new language.

7. hearing about your travels.

8. watching professional baseball.

13 私は興味があります

1. ゴルフをすることに

2. 新しい音楽を聴くことに

3. あなたの新居を見ることに

4. その映画を見ることに

5. あなたの新しい友人に会うことに

6. 新しい語学を勉強することに

7. あなたの旅行について聞くことに

8. プロ野球を見ることに

14 I'm against

1. his idea.

2. the new policy.

3. global warming.

4. that political party.

5. testing on animals.

6. the use of pesticides.

7. nuclear weapons testing.

8. hunting endangered species.

14 私は反対です

1. 彼のアイディアに

2. その新しい方針に

3. 地球温暖化に

4. その政党に

5. 動物実験に

6. 殺虫剤の使用に

7. 原子力兵器の実験に

8. 絶滅危惧種の狩猟に

15 I'm very pleased with

1. myself.

2. my weight loss.

3. my new neighbors.

4. this hotel's service.

5. my new smartphone.

6. the results of my test.

7. this restaurant's prices.

8. the government's decision.

15 私はとても満足しています

1. 自分自身に

2. 自分の減量に

3. 私の新しい隣人に

4. このホテルのサービスに

5. 私の新しいスマホに

6. 私のテストの結果に

7. このレストランの値段に

8. 政府の決断に

16 I'm not surprised

1. the shop was open.

2. you passed your test.

3. the Tigers won again.

4. it was snowy in Sapporo.

5. there was a small earthquake.

6. there was a long line at the shop.

7. there were many children at the park.

8. we could not get a ticket for the concert.

16 私は驚きません

1. その店が開いていたことに

2. あなたがテストに受かったことに

3. タイガースがまた勝ったことに

4. 札幌が雪だったことに

5. 小さな地震があったことに

6. その店に長い行列があったことに

7. その公園に子供がたくさんいたことに

8. 私たちがそのコンサートのチケットを買えなかったことに

17 I'm certain

1. I can pass the test.

2. I can find the hotel.

3. my flight leaves at 7:40.

4. my wallet is in my jacket.

5. we will have a good year.

6. Japan's economy will improve.

7. I know the way to the restaurant.

8. your package will be delivered today.

17 私は確信しています

1. 私がそのテストに合格できると

2. 私がそのホテルを見つけることができると

3. 私の飛行機が7時40分に出発すると

4. 私の財布がジャケットの中だと

5. 私たちが良い年を過ごすだろうと

6. 日本の経済がよくなるだろうと

7. レストランへの道を知っていると

8. あなたの荷物が今日配達されるだろうと

18 I'm not in a position to

1. judge.

2. say no.

3. give you advice.

4. lend you money.

5. buy a new house.

6. take drastic action.

7. jump to conclusions.

8. take three weeks vacation.

18 私はする立場にありません

1. 判断する

2. ノーと言う

3. あなたにアドバイスする

4. あなたにお金を貸す

5. 新しい家を買う

6. 大胆な行動をとる

7. 結論へと急ぐ

8. 3週間の休暇を取る

19 I'm impressed with

1. my score.

2. this photo.

3. team Japan.

4. your improvement.

5. your fashion sense.

6. your singing ability.

7. the fireworks at the festival.

8. the quality of Hokkaido whiskey.

19 私は感動しています

1. 私の得点に

2. この写真に

3. チームジャパンに

4. あなたの上達ぶりに

5. あなたのファッションセンスに

6. あなたの歌の才能に

7. お祭りの花火に

8. 北海道のウイスキーの質の高さに

20 I'm afraid

1. the stores are closed.

2. I have some bad news.

3. there are only two options.

4. I don't have enough money.

5. our flight has been overbooked.

6. you can't bring pets into the shop.

7. your favorite TV show was cancelled.

8. you can't take a train from Kushiro to Akan.

20 私は残念に思います

1. お店が閉まっていることを

2. 悪いニュースがあることを

3. 二つしか選択肢がないことを

4. 十分なお金がないことを

5. 私たちの飛行機がオーバーブッキングされ
   ていることを

6. あなたが店にペットを連れて行けないことを

7. あなたの大好きなテレビ番組がキャンセル
   されたことを

8. あなたが釧路から阿寒へ列車に乗ることが
   できないことを

夢はスウェーデン

　これまで訪ねた国を思い出しながら数えてみると、19ヵ国になりました。もう一度行きたい国を尋ねられたら、私は即座に「スウェーデン」と答えるでしょう。理由は、2019年に世界シニアカーリング選手権で訪れたエストルスンド市の街並みと現地の人たちとの交流が脳裏から離れないからです。

　スウェーデンと言えば、意外かもしれませんが、ジャズが盛んです。EST、スウィート・ジャズ・トリオ、ヤン・ラングレン、私の好きなミュージシャンがいます。そして、facebookで偶然繋がったのがマティアス・ニルソン(Mattias Nilsson)でした。ピアニストの彼は2枚のアルバムをリリースしていて、国内外で演奏しています。

　マティアスからメールが届いたのは2020年6月でした。「私の音楽とあなたの写真でコラボしたい！」。有頂天になった私は即座に「OK」を出し、彼の気が変わらないうちに話を進めました。そして、「Day By Day」「Hymn To Love」が完成。YouTubeで彼と私の名前を入れてもらうとそれが出てきます。

　マティアスのお気に入りはハルニレの写真です。そして、今すごい構想が立ち上がっています。ハルニレの春、夏、秋、冬で4曲作るという提案です。私の夢はもうスウェーデンに飛んでいます。真夏のジャズフェスティバルでマティアスがステージで演奏し、バックにはハルニレの写真がスライドショーで流れるのです！

UNIT 3

1   I'll never forget

1. you.

2. my first car.

3. my first love.

4. your kindness.

5. my trip to Italy.

6. my friends from school.

7. my grandmother's cooking.

8. the memories of my childhood.

1 　私は決して忘れないでしょう

1. あなたを

2. 私の最初の車を

3. 私の初恋を

4. あなたの親切を

5. イタリアへの旅行を

6. 学生の頃の友人たちを

7. 祖母の料理を

8. 子供の頃の思い出を

2 I can't stand

1. long movies.

2. horror movies.

3. pineapple on pizza.

4. loud music in shops.

5. noisy people on trains.

6. hot and humid weather.

7. living in a small apartment.

8. cigarette smoke at restaurants.

2 私は我慢できません

1. 長い映画が

2. ホラー映画が

3. ピザのパイナップルが

4. 店の音の大きい音楽が

5. 列車の騒がしい人達が

6. 暑くて湿気の多い天気が

7. 小さなアパートに住むことが

8. レストランでの喫煙が

3 I can tell

1. my son is lying.

2. my cat is hungry.

3. we need to talk more.

4. it's going to rain soon.

5. something is bothering you.

6. the game is almost finished.

7. you have been awake all night.

8. there are not many people in the theater.

3 私はわかります

1. 息子が嘘をついているのが

2. うちの猫がお腹をすかしているのが

3. 私たちはもっと話す必要があるのが

4. まもなく雨が降るのが

5. 何かがあなたを悩ませているのが

6. 試合がほとんど終わりなのが

7. あなたが一晩中起きていたのが

8. 劇場にそれほどたくさんの人がいないのが

4   I can't stop

1. smoking.

2. sleeping late.

3. driving too fast.

4. shopping online.

5. eating too much.

6. watching TV at night.

7. using my smartphone.

8. drinking coffee in the morning.

4　私はやめることができません

1. タバコを吸うことを

2. 遅くまで寝ていることを

3. 速く運転することを

4. ネット通販することを

5. 食べ過ぎるのを

6. 夜にテレビを見ることを

7. スマホを使うことを

8. 朝にコーヒーを飲むことを

5 I must be

1. next.

2. brave.

3. a genius.

4. getting tired.

5. bored with him.

6. stupid to do that.

7. crazy to believe that.

8. serious about the work.

5   私は違いありません

1. 次であるに

2. 勇気があるに

3. 天才に

4. 疲れてきているに

5. 彼に退屈しているに

6. そのようなことをして愚かに

7. それを信じるとは気が狂っているに

8. その仕事について真剣であるに

6 I'll be

1. ready to go soon.

2. up until midnight.

3. relieved when he calls.

4. able to join you at 6:00.

5. happy when this is finished.

6. sad if I can't go to the movie.

7. happy when the seminar is over.

8. satisfied with whatever the offer is.

6 私はいるでしょう

1. まもなく行く準備ができて

2. 真夜中まで起きて

3. 彼が電話をくれると安心して

4. 6時にあなたのところに加わることができて

5. これが終わったとき嬉しくなって

6. 映画に行くことができないないなら悲しんで

7. そのセミナーが終了するときに嬉しくなって

8. その申し出が何であっても満足して

7 I should tell you

1. I'm married.

2. my brother is a lawyer.

3. we are going to be late.

4. I work for this company.

5. I'm a great piano player.

6. I have a meeting at 2:30.

7. the movie is starting soon.

8. I've never played tennis before.

7　私はあなたに言うべきです

1. 私は結婚していると

2. 私の兄が弁護士だと

3. 私たちは遅れるだろうと

4. 私はこの会社で働いていると

5. 私はピアノを弾くのがすごく上手だと

6. ミーティングが2時30分にあると

7. まもなく映画が始まると

8. 私は以前にテニスを一度もしたことがないと

8 I must admit

1. I made a mistake.

2. I enjoyed her singing.

3. I'm not a baseball fan.

4. the movie made me cry.

5. your skill impressed me.

6. the party was a lot of fun.

7. my cooking is not very good.

8. your English is better than mine.

8 私は認めなければなりません

1. 私は間違いを犯したと

2. 私は彼女の歌を楽しんだと

3. 私は野球ファンではないと

4. その映画で泣かされたと

5. あなたの技術に感動させられたと

6. パーティーがとても楽しかったと

7. 私の料理はあまり上手ではないと

8. あなたの英語は私より上手だと

9 I may have to

1. give up.

2. call in sick.

3. wake up early.

4. work overtime.

5. ask you to come.

6. take a taxi to work.

7. cancel my vacation.

8. visit my parents this weekend.

9 私はしなければならない かもしれません

1. 諦める

2. 病欠の電話をする

3. 早起きする

4. 残業する

5. あなたに来るように頼む

6. 仕事にタクシーで行く

7. 私の休暇をキャンセルする

8. 今週末両親を訪れる

10 I should try to

1. go to bed early.

2. be more friendly.

3. play the saxophone.

4. drive more carefully.

5. come home before 6:00.

6. call my parents this weekend.

7. go out with my coworkers more.

8. pay closer attention to my clothes.

10 私はしようとする必要が あります

1. 早く寝る

2. もっと仲良くする

3. サックスを演奏する

4. もっと慎重に運転する

5. 6時前に家に帰る

6. 今週末両親に電話する

7. もっと同僚と外出する

8. 私の洋服にもっと注意を払う

11 **I can't understand**

1. this email.

2. modern slang.

3. your handwriting.

4. Japanese foreign policy.

5. the latest fashion trends.

6. the directions to the cafe.

7. the manual for my new TV.

8. my new smartphone contract.

11　私は理解できません

1. このメールを

2. 最近のスラングを

3. あなたの手書きを

4. 日本の外交政策を

5. 最新のファッションの流行を

6. カフェへ の行き方を

7. 新しいテレビのマニュアルを

8. 新しいスマホの契約書を

12 I may be able to

1. bring a friend.

2. join the party.

3. find your size.

4. save you a seat.

5. meet you tonight.

6. get there on time.

7. call you after work.

8. schedule a meeting.

12　私はできるかもしれません

1. 友達を連れてくることが

2. パーティーに参加することが

3. あなたのサイズを探すことが

4. あなたに席を取っておくことが

5. 今晩あなたに会うことが

6. 時間通りにそこに着くことが

7. 仕事の後にあなたに電話することが

8. 会議のスケジュールを組むことが

13 I'll need to

1. try harder.

2. wake up early.

3. practice more.

4. get more information.

5. buy winter clothes soon.

6. brush up on my English.

7. show my passport at the airport.

8. buy her birthday present on Saturday.

13 私は必要でしょう

1. さらに熱心に努力することが

2. 早くに起きることが

3. もっと練習することが

4. もっと情報を得ることが

5. すぐに冬服を買うことが

6. 私の英語に磨きをかけることが

7. 空港でパスポートを見せることが

8. 土曜日に彼女の誕生日プレゼントを買うことが

14 I can't complain about

1. my job.

2. my lunch.

3. my salary.

4. the weather.

5. my hotel room.

6. our sales targets.

7. my vacation in Okinawa.

8. my business trip to Tokyo.

14 私は文句を言うことが できません

1. 私の仕事について

2. 私の昼食について

3. 私の給料について

4. お天気について

5. 私のホテルの部屋について

6. 販売目標について

7. 沖縄での休暇について

8. 東京への出張について

15 I mustn't forget to

1. bring my passport.

2. pay my internet bill.

3. send him an e-mail.

4. call my father tomorrow.

5. buy milk on my way home.

6. go to the post office after work.

7. write down my hotel room number.

8. get a present for my son's birthday.

15　私は忘れてはいけません

1. 自分のパスポートを持ってくることを

2. インターネットの料金を支払うことを

3. 彼にメールを送ることを

4. 明日父に電話することを

5. 帰宅途中で牛乳を買うことを

6. 仕事後に郵便局へ行くことを

7. ホテルの部屋番号を書き留めることを

8. 息子の誕生日のプレゼントを買うことを

ペンパル

　Maryと会ったのは大学4年生のときでした。だから47年も前のことになります。場所はスイスのユングフラウかツェルマット。私の年齢（68歳）になると思い出せないことが多々あります。赤いベンチに2人で座っている写真がアルバムに残っているはずです。確か私はサングラスをかけ、セーターを首から回していました。

　ヨーロッパ13ヵ国を3ヵ月間かけて旅行していた私は、行く先々で英会話の相手をしてくれそうな外国人を探していました。旅行の目的のひとつが英語修行だったからです。男性には気楽に声をかけることができたのですが、女性にはできませんでした。清水の舞台から飛び降りる覚悟で話しかけると、アメリカ人でした。

　なんとか名前と住所をゲット。帰国してからコロラドに住むMaryとの文通が始まりました。今では死語になっているペンパルです。当時の私には、数少ない本物の英語に触れる貴重なチャンスでした。たくさん生きた表現を学び、それを使ってきました。時の流れとともに、今では文通からメールでのやりとりになっています。

　この47年間に起きたMaryの周辺のことはある程度知っています。彼女も私のことはわかっているはずです。最近出したメールで「Zoomはできますか？」と聞いてみました。返事は、「できます。でも、今は仕事で忙しい……」。このまま年数回のメールでの交流の方がいいのかもしれません。

UNIT 4

1 I've been to

1. school overseas.

2. Kyoto many times.

3. England on business.

4. Japan's oldest ryokan.

5. the cafe near the river.

6. many great restaurants.

7. Disneyland with my family.

8. Okinawa in typhoon season.

1 私は行ったことがあります

1. 海外の学校に

2. 何度も京都に

3. 仕事でイギリスに

4. 日本で最も古い旅館に

5. 川の近くのそのカフェに

6. たくさんの素晴らしいレストランに

7. 家族とディズニーランドに

8. 台風のシーズンに沖縄に

2 I've finished

1. washing the car.

2. doing the laundry.

3. eating my dessert.

4. weeding the garden.

5. studying for the day.

6. working on the project.

7. doing my daily workout.

8. trying to make him happy.

2   私は終えたところです

1. 車を洗うことを

2. 洗濯することを

3. デザートを食べることを

4. 庭の草むしりを

5. 一日の勉強を

6. プロジェクトに取り組むことを

7. 毎日の運動をすることを

8. 彼を喜ばせるようにすることを

3 I've been busy

1. babysitting.

2. trying to find a new car.

3. doing housework all day.

4. cooking dinner for tonight.

5. working on another project.

6. redecorating my living room.

7. preparing for my trip to England.

8. practicing my speech for the conference.

3 私はずっと忙しいです

1. 子守をすることに

2. 新しい車を見つけようとすることに

3. 一日中家事をすることに

4. 今晩夕食を作ることに

5. 別のプロジェクトに取り組むことに

6. リビングを模様替えすることに

7. イギリス旅行を準備することに

8. 会議のスピーチを練習することに

4 I've lived in

1. Canada.

2. a big city.

3. a small town.

4. snow country.

5. an apartment.

6. a lakeside house.

7. a tropical climate.

8. a university dormitory.

4　私は住んでいます

1. カナダに

2. 大都市に

3. 小さな町に

4. 雪国に

5. アパートに

6. 湖畔の家に

7. 熱帯の気候に

8. 大学の寮に

5 I've known

1. him for years.

2. that recipe for ages.

3. that cafe for a while now.

4. the singer for a long time.

5. his mother since I was young.

6. how to swim since I was a child.

7. my piano teacher since elementary school.

8. this golf course since I started playing.

5 私は知っています

1. 彼を長年

2. そのレシピを何年も

3. しばらくの間そのカフェを

4. その歌手を長い間

5. 私が若かったころから彼の母親を

6. こどものころから泳ぎ方を

7. 小学校からピアノの先生を

8. プレイし始めてからこのゴルフコースを

6 I've met

1. Taro's boss once.

2. you somewhere before.

3. her mother several times.

4. many new people recently.

5. the inventor of the blue LED.

6. many famous actors in my life.

7. my son's teachers at the supermarket.

8. my brother at the station twice this week.

6 私は会いました

1. 太郎の上司に一度

2. あなたにどこかで以前

3. 彼女の母親に数回

4. 最近たくさんの新しい人たちに

5. 青色発光ダイオードの発明者に

6. 私の人生で多くの有名な俳優に

7. 息子の先生たちにスーパーマーケットで

8. 駅で私の兄に今週2度

7 I've stopped

1. trying.

2. smoking.

3. eating ice cream.

4. seeing my girlfriend.

5. listening to the radio.

6. watching TV dramas.

7. reading the newspaper.

8. exercising because I was injured.

7　私はやめました

1. 努力することを

2. タバコを吸うことを

3. アイスクリームを食べることを

4. ガールフレンドとデートすることを

5. ラジオを聴くことを

6. テレビドラマを見ることを

7. 新聞を読むことを

8. 怪我をしたので運動することを

8   I've studied

1. overseas.

2. English in America.

3. the rules of the game.

4. a little about economics.

5. with a famous professor.

6. art history at the university.

7. almost nothing about physics.

8. too much about income tax law.

8　私は勉強しています

1. 海外で

2. アメリカで英語を

3. そのゲームのルールを

4. 経済学について少し

5. ある有名な教授と

6. 大学で美術史を

7. 物理についてほとんど何も

8. 所得税法についてあまりにもたくさん

9 I've always wanted to

1. see Paris.

2. go sailing.

3. try surfing.

4. buy a motorcycle.

5. eat Hungarian food.

6. speak perfect English.

7. rent a cottage near a lake.

8. get my scuba diving license.

9　私はずっとしたかったです

1. パリを見ることを

2. セーリングに行くことを

3. サーフィンにトライすることを

4. オートバイを買うことを

5. ハンガリー料理を食べることを

6. 完璧な英語を話すことを

7. 湖の近くにコテージを借りることを

8. スキューバダイビングの免許を取ることを

10 I've been planning to

1. rent a cottage.

2. start a new hobby.

3. take a trip to Kyoto.

4. have a dinner party.

5. buy my son a guitar.

6. renovate my kitchen.

7. go fishing on Saturday.

8. run the Tokyo Marathon.

10 私は計画しています

1. コテージを借りることを

2. 新しい趣味を始めることを

3. 京都へ旅行することを

4. ディナーパーティーを開くことを

5. 息子にギターを買ってあげることを

6. キッチンを改装することを

7. 土曜日に釣りに行くことを

8. 東京マラソンで走ることを

11 I've never seen

1. Niagara Falls.

2. your new house.

3. that man before.

4. a Star Wars movie.

5. a bear in the woods.

6. a more beautiful sunrise.

7. the view from Mt. Hakodate.

8. the sunrise on New Year's Day.

11 私は見たことがありません

1. ナイアガラの滝を

2. あなたの新居を

3. その男の人を以前に

4. スター・ウォーズの映画を

5. 森の中でクマを

6. これ以上に美しい日の出を

7. 函館山からの景色を

8. 元旦に日の出を

12 I've never thought

1. Sapporo is hot.

2. skydiving is fun.

3. smoking is healthy.

4. wasabi is too spicy.

5. I was good-looking.

6. skiing is a safe sport.

7. he was a close friend.

8. Hawaii is a cheap place to visit.

12 私は思ったことがありません

1. 札幌が暑いと

2. スカイダイビングが楽しいと

3. 喫煙が体にいいと

4. わさびが辛すぎると

5. 私がイケメンだと

6. スキーが安全なスポーツだと

7. 彼が親友だと

8. ハワイが訪れるには安い場所だと

13 I've been talking about

1. getting a dog.

2. the future of Japan.

3. Bob Dylan a lot lately.

4. seeing the new movie.

5. my vacation to my boss.

6. politics too much recently.

7. the festival with my neighbors.

8. playing tennis with my friends.

13 私はずっと話しています

1. 犬を買うことについて

2. 日本の未来について

3. 最近ボブ・ディランについてたくさん

4. その新しい映画について

5. 私の休暇について上司に

6. 最近政治についてあまりにたくさん

7. 近所の人たちとその祭りについて

8. 友人たちとテニスをすることについて

14 I've been working

1. full time.

2. to get a contract.

3. to improve my life.

4. for weeks without a holiday.

5. hard so I can go home early.

6. in the garden in my free time.

7. overtime every day this month.

8. since I was in junior high school.

14 私はずっと働いています

1. フルタイムで

2. 契約を取るために

3. 生活を向上させるため

4. 何週間も休みなく

5. 早く帰宅できるように一生懸命

6. 暇なときに庭で

7. 今月毎日残業して

8. 中学生のときから

15 I've never imagined

1. being cute.

2. going to Antarctica.

3. owning an exotic pet.

4. breaking the world record.

5. working for a large company.

6. drinking such expensive wine.

7. speaking in front of 1,000 people.

8. seeing so many stars in the mountains.

15 私は想像したことがありません

1. 可愛くなることを

2. 南極に行くことを

3. 風変わりなペットを持つことを

4. 世界記録を破ることを

5. 大企業で働くことを

6. そのような高いワインを飲むことを

7. 1,000人の前で話すことを

8. 山の中でそのように多くの星を見ることを

English **C**onversational **A**bility **T**est
国際英語会話能力検定

● E-CATとは…
英語が話せるようになるための
テストです。インターネット
ベースで、30分であなたの発
話力をチェックします。

www.ecatexam.com

● iTEP®とは…
世界各国の企業、政府機関、アメリカの大学
300校以上が、英語能力判定テストとして採用。
オンラインによる90分のテストで文法、リー
ディング、リスニング、ライティング、スピー
キングの5技能をスコア化。iTEP®は、留学、就
職、海外赴任などに必要な、世界に通用する英
語力を総合的に評価する画期的なテストです。

www.itepexamjapan.com

Ｉの英会話

パターンプラクティスで覚える発信型70構文

2021年6月6日　第1刷発行

著　者　浦島　久
　　　　アーロン・クラーク

発行者　浦　晋亮

発行所　IBC パブリッシング株式会社
　　　　〒162-0804 東京都新宿区中里町29番3号 菱秀神楽坂ビル9F
　　　　Tel. 03-3513-4511　Fax. 03-3513-4512
　　　　www.ibcpub.co.jp

印刷所　株式会社シナノパブリッシングプレス

© Hisashi Urashima, Aaron Clarke 2021
Printed in Japan

ISBN978-4-7946-0663-1